I0203325

More Praise for *What Stillness Illumina*
Vos shtilkayt hot baloykhtn

The poet really means his title. This book was generated from an artist's model's intensely bodily experience of stillness, observed stillness at that. It is itself a series of brief, formally invariable stills that shine a light on occult links among memory fragments littered over generations of suffering. It is a kind of *La Jetée* in words. But words, it is still true to say, can do even more, and they can ask more of you. Reading these poems feels almost like writing poetry, and the poetry is of a seriousness and lightness that should inspire its readers to try the excellent and immortal game themselves. Good poetry is contagious, and this haunted, haunting sequence is good poetry.

—Mary Baine Campbell, author of *Trouble*

Yermiyahu Ahron Taub breathes in and out the air of his past and present in two, sometimes three languages. His poetic element is American English and cosmopolitan New Yorkish (the latter sometimes allows itself to become endearingly parochial). His languages, other than English, are his near-native and fundamentally Jewish Yiddish, as well as his ancestral Hebrew laced with some learned Aramaic of his learned orthodox upbringing. The present volume is as unique as it is multilingual; each poem appears in English and in Yiddish, and in a few cases in contemporary Ashkenazi Hebrew. A rare and astonishing achievement of urban, American, and, yes, truly multicultural poetic creativity.

—Dov-Ber Kerler, author of *Origins of Modern Literary Yiddish*
and *ELABREK: [Yiddish] poems of the new millenium*

Yermiyahu Ahron Taub's bilingual poems, sometimes puzzling, always intriguing, offer mystery and insight, taking Yiddish where you never thought it could go. In five lines he captures a scene, a moment, a world of emotion often brimming beneath the surface.

—Sheva Zucker, Uriel Weinreich Program in Yiddish Language, Literature, and Culture and editor of *Afn shvel*

Free Verse Editions

Edited by Jon Thompson

Free Verse Editions

Edited by Jon Thompson

2008

Quarry by Carolyn Guinzio
Between the Twilight and the Sky by Jennie Neighbors
The Prison Poems by Miguel Hernández,
    translated by Michael Smith
remanence by Boyer Rickel
What Stillness Illuminated /Vos shtilkayt hot baloykhtn
    by Yermiyahu Ahron Taub

2007

Child in the Road by Cindy Savett
Verge by Morgan Lucas Schuldt
The Flying House by Dawn-Michelle Baude

2006

Physis by Nicolas Pesque, translated by Cole Swensen
Puppet Wardrobe by Daniel Tiffany
These Beautiful Limits by Thomas Lisk
The Wash by Adam Clay

2005

A Map of Faring by Peter Riley
Signs Following by Ger Killeen
Winter Journey [Viaggio d'inverno] by Attilio Bertolucci,
    translated by Nicholas Benson

What Stillness Illuminated

Poems in English, Yiddish, and Hebrew

Yermiyahu Ahron Taub

וואָס שטילקייט האָט באַלויכטן

לידער אויף ענגליש, ייִדיש, און העברעיִש

ירמיהו אַהרן טאַוב

Parlor Press
West Lafayette, Indiana
www.parlorpress.com

Parlor Press LLC, West Lafayette, Indiana 47906

© 2008 by Parlor Press
All rights reserved.

Library of Congress Cataloging-in-Publication Data

Taub, Yermiyahu Ahron.
 What stillness illuminated : poems in English, Yiddish, and He-
brew = Vos shtilkayt hot baloykhtn : lider af English, Yidish un He-
breyish / Yermiyahu Ahron Taub.
    p. cm. -- (Free verse editions)
 ISBN 978-1-60235-092-2 (pbk. : alk. paper) -- ISBN 978-1-60235-
093-9 (Adobe ebook)
 1. Jews--Poetry. I. Title. II. Title: Vos shtilkayt hot baloykhtn.
 PS3620.A895W47 2008
 811'.6--dc22

                                2008049927

Cover image: "Lonely Dark Alley" © 2008 by Matjaz Boncina.
  Used by permission.
Cover design by David Blakesley
Printed in the United States of America
S A N: 2 5 4 - 8 8 7 9

Printed on acid-free paper.

Parlor Press, LLC is an independent publisher of scholarly and trade
titles in print and multimedia formats. This book is available in
paper and Adobe eBook formats from Parlor Press on the World
Wide Web at http://www.parlorpress.com or through online and
brick-and-mortar bookstores. For submission information or to
find out about Parlor Press publications, write to Parlor Press, 816
Robinson St., West Lafayette, Indiana, 47906, or e-mail editor@
parlorpress.com.

In memory of Aunt Ethel,
lady in a sea green dress

דער מומע עטל,
דאַמע אין אַ ים-גרינעם קלייד,
אין אָנדענק

לזכר נשמת עטל בת מרדכי ופֿאַני,
נלב״ע ביום טז׳ אייר תשס״ב

CONTENTS/אינהאַלט

I. Dodging the Gargoyle's Embrace: Flight/ *1*
אויסמײַדן דעם גאַרגוילס אַרומנעם: אַנטלויפֿן

II. Footsteps in the Attic: Daguerreotypes/ *17*
טריט אויפֿן בוידעם: דאַגעראָטיפּן

III. Shadow Men: Eros/ *35*
שאָטן-מענער: עראָס

IV. Gleam/ *61*
גלאַנץ

Afterword/ *87*
נאָכוואָרט *91*

Acknowledgments/ *95*
אָנערקענונגען *97*

What Stillness Illuminated

וואָס שטילקייט האָט באַלויכטן

I.

Dodging the Gargoyle's Embrace:
Flight

אויסמײַדן דעם גאַרגוילס אַרומנעם:
אַנטלויפֿן

1.

We only knew that something had changed.
The talk around a strange new novel had suddenly veered from abstraction.
What had to be done seemed clear. After the group dispersed,
I walked to the wharves to fathom the enormity of what we'd said.
A night dog brought me back from Odessa.

מיר האָבן נאָר געוווּסט אַז עפּעס האָט זיך געביטן.
די רייד וועגן אַ מאָדנעם נײַעם ראָמאַן האָבן זיך פּלוצעם פֿאַרנומען פֿון אַבסטראַקציע.
קלאָר וואָס מע האָט געדאַרפֿט טאָן. נאָך דעם ווי די גרופּע איז זיך צעגאַנגען,
האָב איך שפּאַצירט צו די ווערפֿן צו דערגרונטעווען די אומגעהײַערקייט פֿון דעם וואָס מיר האָבן גערעדט.
אַ נאַכטהונט האָט מיך צוריקגעבראַכט פֿון אָדעס.

2.

She arose with her usual vigor, grateful for the sun and the work ahead.
Though he had just departed for the battlefront, she did not feel alone.
She refused to consider the inevitability of the lists of wounded and dead.
In mid-step, water pitcher in hand, she paused, as a curtain of dread descended.
Yesterday she had forgotten to recite her prayer of protection.

זי איז אויפֿגעשטאַנען מיט ענערגיע ווי ס'איז איר שטייגער, דאַנקבאַר פֿאַר דער זון און דער קומעדיקער אַרבעט.
כאָטש ער איז ערשט אַוועק אויפֿן פֿראָנט האָט זי זיך נישט געפֿילט אַליין.
זי האָט זיך אָפּגעזאָגט פֿון באַטראַכטן די אומפֿאַרמײַדלעכקייט פֿון די רשימות פֿאַרוווּנדיקטע און טויטע.
גייענדיק מיט וואַסערקרוג אין האַנט האָט זי זיך פּלוצעם אָפּגעשטעלט ווען אַ פֿאָרהאַנג פֿון שרעק איז אַראָפּ.
נעכטן האָט זי פֿאַרגעסן צו דאַוונען איר תּפֿילה פֿון באַשיצונג.

3.

When the rider was shot from the horse,
the horse continued down the road.
Suddenly it stopped and turned around.
Returning, pausing, sweating. And so it went: back and forth.
None of the retreating cavalrymen stopped to calm or claim it.

ווען דער ריַיטער איז אַראָפּגעשאָסן געוואָרן פֿונעם פֿערד,
איז דאָס פֿערד וויַיטער געגאַנגען.
פּלוצעם האָט עס זיך אָפּגעשטעלט און זיך אומגעדרייט.
גייט צוריק, בליַיבט שטיין, שוויצט. און אַזוי איז עס געגאַנגען: אַהין און צוריק.
קיינער פֿון דער צוריקטרעטנדיקער קאַוואַלעריע האָט אים נישט באַרויִקט אָדער
מיטגענומען.

4.

The braying of the hounds grew more vehement
until the cannons themselves seemed like a respite.
He wondered about the reward for his diminished frame, his
    narrowed spirit
as he slumped into the veiny bosom of an oak.
A doe tiptoed between the corpses.

דאָס שרײַען פֿון די שפּירהינט איז געוואָרן אימפּעטיקער
ביז די האַרמאַטן אַליין זײַנען אויסגעקומען ווי אַ חיי-שעה.
ער האָט געקלערט וועגן דער באַלוינונג פֿאַר זײַן פֿאַרמינערטן גוף, זײַן
    פֿאַרענגטן גײַסט
בשעת ער איז אַרײַנגעפֿאַלן אינעם אָדערישן בוזעם פֿון אַ דעמב.
אַ הינד איז געגאַנגען אויף די שפּיץ פֿינגער צווישן די בר-מינבס.

5.

Note the wind rising below the corn,
the skies gone aluminum.
Surely the stores in the silo will suffice.
A horse hurries its wagon on an empty road.
Three trees will survive.

גיט אַכט אויפֿן ווינט וואָס הייבט זיך אונטערן פּאַפּשוי,
די הימלען געוואָרן אַלומיניום.
זיכער וועלן די זאַפּאַסן אינעם סילאָ זײַן גענוג.
אַ פֿערד יאָגט אונטער זײַן וואָגן אויף אַ ליידיקן וועג.
דרײַ ביימער וועלן איבערלעבן.

6.

A slim volume of verse was coolly appraised.
The new stage starlet modeled a flowered frock to great acclaim.
Silver spoons knifed into coffee-rich air only to land gently against rose china.
A string quartet escorted the newly arrived to their marble-topped table.
No one could imagine the tanks amassing at the northern border.

אַ דינעם באַנד לידער האָט מען קיל אָפּגעשאַצט.
די נײַ אויפֿגעקומענע אַקטריסע האָט געטראָגן אַ באַבלומט קלייד צו גרויסער אַפּראָבירונג.
זילבערנע לעפֿל האָבן זיך אַרײַנגעמעסערט אין קאַווע-רײַכער לופֿט נאָר זײַנען מילד אַראָפּ אַנטקעגן ראָזע פּאָרצעלײַ.
אַ סטרונע-קוואַרטעט האָט באַלייט די נײַ אָנגעקומענע צו זייער מאַרמער-באַדעקטן טיש.
קיינער האָט נישט געקענט זיך פֿאָרשטעלן די טאַנקען וואָס האָבן געהאַלטן אין זאַמלען זיך בײַם צפֿון-גרענעץ.

7.

Else Lasker-Schüler in Palestine

Loopy lyric lady mutters beneath palms,
between blotches of lazy post-pioneer youth. Lazy! Lazy!
In the land of the most long-ago, she would have paid them no mind.
In this desert, however, her most passionate image mocks as mirage.
Here, her dowager robes, her magnificent plumage clog with sand.

עלסע לאַסקער-שולער אין פּאַלעסטינע

משוגענע ליריק-דאַמע בורטשעט אונטער פּאַלמעס,
צווישן פֿלעקן פֿוילער נאָך-פּיאָנערישער יוגנט. פֿוילע! פֿוילע! פֿע!
אינעם לאַנד פֿונעם ווײַטסטן אַמאָל וואָלטן זיי זי אין גאַנצן נישט געאַרט.
אָבער אין דער מידבר מאַכט איר הייסבלוטיקסטער אימאַזש חוזק ווי אַ מיראַזש.
דאָ פֿאַרשטאָפּן זיך אירע אַלמנה-קליידער, אירע פּראַכטיקע פֿעדערן מיט זאַמד.

8.

The questions were ordinary, rather like those of a school principal.
Where were you three days ago? With whom? Did you write this?
He smelled morning coffee, even a bit of pastry.
When he was released into the prison yard, no one seemed surprised.
The first interrogation and already that walk: the bent-shoulder shuffle.

די קשיות זײַנען געווען טאָג-טעגלעך, אַזוי ווי פֿון אַ שול-דירעקטאָר.
וווּ ביסטו געווען מיט דרײַ טעג צוריק? מיט וועמען? האָסטו דאָס געשריבן?
ער האָט דערשמעקט קאַווע, אַפֿילו אַ שטיקל געבעקס.
ווען מע האָט אים אָפּגעלאָזט אין תּפֿיסה-הויף איז בײַ קיינעם נישט געווען קיין חידוש.
דער ערשטער פֿאַרהער און שוין אַזאַ מין גאַנג: דער געבויגענער-אַקסל-דרעפּשע.

9.

When asked a question, he gave brief, prepared answers.
And then, as if for reassurance, a few strokes of the beard.
I saw his youth, and underneath, a blossoming terror.
A shudder went through the audience that waited for the right word.
I wondered when we would have to trek to the next village.

ווען מע האָט אים עפּעס געפֿרעגט האָט ער געגעבן קורצע, צוגעגרייטע ענטפֿערס.
און דערנאָך, אַזוי ווי צו באַרויִקן, עטלעכע מאָל געגלעט די באָרד.
כ'האָב געזען זײַנע יונגע יאָרן, און אונטער זיי, אַ בליִענדיק אימה.
אַ ציטער איז דורכגעגאַנגען דעם עולם וואָס איז געשטאַנען וואַרטן אויפֿן ריכטיקן וואָרט.
כ'האָב זיך געפֿרעגט ווען מיר וועלן דאַרפֿן זיך שלעפּן אינעם שכנישן דאָרף אַרײַן.

10.

The boys foraged amidst the scrub, remains of the forced march.
Something to barter, something to wield. *Hiya!*
The smallest one led the group forward.
Only he had seen what had come before.
Occasionally he stopped to comfort the others.

די ייִנגלעך האָבן געזוכט אין די קוסטעס, שיריים פֿונעם געצוווּנגענעם מאַרש.
עפּעס אויסצובײַטן, עפּעס צו האַלטן אין האַנט. *היי־יאַ!*
דער קלענסטער האָט געפֿירט די גרופּע פֿאָרויס.
נאָר ער האָט געזען וואָס ס'איז פֿריִער געשען.
פֿון צײַט צו צײַט האָט ער זיך אָפּגעשטעלט צו טרייסטן די אַנדערע.

11.

The man swayed over the pile of papers. Documents, he had once
    insisted.
He, for years, the supervising clerk. A life in service.
Still, *not in order*, they had said.
The boy walked down the corridor towards his hulking, now
    immobile form,
his approach framed by spider shadows he knew already to freeze
    in memory.

דער מאַן האָט זיך געשאָקלט איבערן הויפֿן פּאַפּירן. דאָקומענטן, אויף דעם איז
ער אַ מאָל באַשטאַנען.

ער, שוין יאָרן לאַנג, דער הויפּט-ביוראַליסט. אַ לעבן פֿון דינסט.

אָבער נישט אין אָרדענונג, האָבן זיי געזאָגט.

דאָס ייִנגל איז צוגעגאַנגען דורכן קאָרידאָר צו זײַן גרויסער, איצט
אומבאַוועגלעכער געשטאַלט,

זײַן גיין אײַנגערעמלט מיט שפּינשאָטנס וואָס ער האָט שוין געוווּסט צו האַלטן
אין זכּרון.

12.

Crowds milled, murmured, marched to the central depot.
Something in your hand, voice pulled me back to the millinery,
to what was left of silk and feathers and dotted veils.
Dimly, I remembered whispers about plans of escape into the forest.
What did I know then of such things? The city lies still now as I remember your signal.

די מאַסן האָבן זיך פֿאַרזאַמלט, געמורמלט, מאַרשירט צום צענטראַלן וואָקזאַל.
עפּעס אין דײַן האַנט, קול האָט מיך צוריקגעצויגן צום פּוצעריַי,
צו דעם וואָס איז געבליבן פֿון זײַד און פֿעדערן און געפּינטלטע וווּאַלן.
נעפּלדיק האָב איך געדענקט שעפּטשען וועגן פּלענער פֿון אַנטלויפֿן אין וואַלד.
וואָס האָב איך דעמאָלט געוווּסט פֿון אַזעלכע ענינים? די שטאָט ליגט שטיל
איצט בשעת איך געדענק דײַן סימן.

13.

I had imagined small rooms crowded with things: photos, books.
I met her over coffee in austere white spaces.
We talked of literature: her favorites: Colette, Bruno Schulz.
I wanted only peasants and pogroms, forbidden movies.
Her charred body, her tattooed arms gave what they could.

כ'האָב זיך פֿאָרגעשטעלט קליינע צימערן געפּאַקט מיט זאַכן: פֿאָטאָס, ביכער.
כ'האָב זיך באַקענט מיט איר ביי אַ טעפּל קאַווע אין צימצומדיקע ווײַסע ערטער.
מיר האָבן גערעדט וועגן ליטעראַטור: אירע באַליבטע: קאָלעט, ברונאָ שולץ.
כ'האָב נאָר געוואָלט פּויערים און פּאָגראָמען, פֿילמען וואָס זײַנען געווען אָסור.
איר פֿאַרברענטער גוף, אירע טאַטויִרטע אָרעמס האָבן געגעבן דאָס וואָס זיי
האָבן געקענט.

14.

Eva could squeeze a glow out of the most stubborn printer.
Aryeh-Leyb's etchings—send the artist to the moon!
Anna-Sophie's platforms—beads of clarity and light—don't break them!
Over illegal flyers and dark streets, your sleeve brushed mine.
These were nights of wonder.

חוה האָט געקענט אַרויסקוועטשן אַ גלי פֿונעם סאַמע עקשנותדיקסטן דרוקער.
אריה-לייבס ראַדירן—שיקט דעם קינסטלער אויף דער לבֿנה!
אַנאַ-סאָפֿיס פּלאַטפֿאָרמעס—קרעלן קלאָרקייט און ליכט—ברעכט זיי נישט!
איבער אומלעגאַלע פֿליבלעטלעך און טונקעלע גאַסן האָט דײַן אַרבל זיך פֿאַרטשעפּעט אין מײַנעם.
אָט די זײַנען געווען נעכט פֿון וווּנדער.

II.

Footsteps in the Attic:

Daguerreotypes

טריט אויפֿן בוידעם:

דאַגעראָטיפּן

15.

Young father and mother strolled slowly through the flowers.
The thermometer factory was long in the distance,
although silver dust still glittered on mother's cheeks.
Father noted this as he took her face in his huge hands.
The trees parted for them, silent witnesses to a woman on her
way to danger.

יונגע טאַטע-מאַמע האָבן שפּאַצירט פּאַמעלעך דורך די בלומען.
די טערמאָמעטער-פֿאַבריק האָבן זיי שוין לאַנג נישט געזען,
כאָטש זילבערן שטויב האָט נאָך אַלץ געפֿינקלט אויף דער מאַמעס באַקן.
אַזוי האָט דער טאַטע באַמערקט בשעת ער האָט גענומען איר פּנים אין זײַנע
ריזיקע הענט.
די ביימער האָבן זיך צעטיילט צוליב זיי, שווײַגנדיקע עדות פֿון אַ פֿרוי אויפֿן
וועג צו סכּנה.

16.

Maybe it will descend at night; aren't they nocturnal?
How did it get up there? How is it staying?
Perhaps with some fresh meat, a promise of another fulfillment?
What will happen to our boy?
No one can move the leopard wound around his crumpling
   shoulders.

אפֿשר וועט ער אַראָפּקומען בײַ נאַכט; זײַנען זיי נישט נאַכטיק?
ווי אַזוי איז ער אַרויף? ווי אַזוי בלײַבט ער?
אפֿשר מיט אַ ביסל פֿרישן פֿלייש, אַ צוזאָג פֿון אַן אַנדער באַפֿרידיקונג?
וואָס וועט זײַן מיט אונדזער ייִנגל?
קיינער קען נישט רירן דעם לעמפּערט וואָס ליגט אַרומגעוויקלט אַרום זײַנע
אײַנפֿאַלנדיקע אַקסלען.

17.

Where was the Moses they invoked?
A word became a chant as they approached.
Who were they … where had I seen them before?
No matter: we looked ahead, marched on,
Father's hand tightening around mine.

ווּ איז דער מאָזעס וואָס זיי האָבן אַרויסגערופֿן?
אַ וואָרט איז געוואָרן אַ געזאַנג בשעת זיי האָבן זיך דערנענטערט.
ווער זײַנען זיי ... ווּ האָב איך זיי פֿריִער געזען?
נישט וויכטיק: מיר האָבן געקוקט פֿאָרויס, ווײַטער מאַרשירט,
דעם טאַטנס האַנט ענגער אַרום מײַנער.

18.

What a trip we took!
Take the bread out.
Go up now; take the plums.
I will take off my wig ... here I am.
Little one, you must be still.

וואָס פֿאַר אַ נסיעה!
נעם אַרויס דאָס ברויט.
גיי איצט אַרויף; נעם די פֿלוימן מיט.
איך וועל אויסטאָן דאָס שייטל ... אָט בין איך.
טאַטעלע, דו מוזסט זײַן שטיל.

19.

Pale traffic streamed through the grainy film of December sleep.
Voices from the quiet; I heard the door open.
Mother assembled my burning shapes.
Against her neck I breathed the memory of perfume.
Through the fog we saw a red umbrella waltz over wet
cobblestones.

בלייכער טראַפֿיק האָט געשטראָמט דורכן באַפּינטלטן פֿילם פֿון דעצעמבער-
שלאָף.
קולות פֿון דער שטיל; כ'האָב געהערט עפֿענען די טיר.
די מאַמע האָט געזאַמלט מײַנע ברענענדיקע פֿאָרעמס.
אויף איר האַלדז האָב איך געאָטעמט דעם זכּרון פֿון פּאַרפֿום.
דורכן נעפּל האָבן מיר געזען אַ רויטן שירעם גיין אַ וואַלס איבער נאַסע
ברוקשטיינער.

20.

Until the next kingdom come,
although now your rule is undisputed.
It cannot be otherwise.
This is how it's inscribed.
Only close the door upon the children.

ביז משיח וועט קומען,
כאָטש קיינער האָט איצט נישט קיין טענות צו אײַער ממשלה.
אַנדערש קען נישט זײַן.
אַזוי שטייט אין פּסוק.
נאָר פֿאַרמאַכט די קינדער די טיר.

21.

We moved from place to place.
Mother would feel a wind upon her left shoulder.
Father noted the orchestra of half-smiles.
I gathered the sesame and pamphlets.
With us always: a furious monkey banging on the window of
our coach.

מיר האָבן זיך אַריבערגעקליבן פֿון אָרט צו אָרט.
די מאַמע פֿלעג פֿילן אַ ווינט אויף איר לינקן אַקסל.
דער טאַטע האָט געלייגט אַכט אויף דעם אָרקעסטער פֿון האַלבע שמייכלען.
איך האָב געזאַמלט דעם סומסום און די בראָשורן.
מיט אונדז אייביק: אַ צעקאָכטע מאַלפּע וואָס האָט געקלאַפּט אין פֿענצטער פֿון
אונדזער קאַרעטע.

22.

Though only midnight, I had returned.
How would I leave?
Below a circle of light:
Mother's feet in a bowl, father furrowed above them.
Against the window: the white face of the whip driving them
together.

כאָטש נאָר האַלבע נאַכט, בין איך צוריק.
ווי וואָלט איך אַוועק?
אונטער אַ קרײַז פֿון ליכט:
דער מאַמעס פֿיס אין אַ שיסל, דער טאַטע צעקנײשט איבער זיי.
לעבן דעם פֿענצטער: דאָס ווײַסע פּנים פֿון דער בײַטש וואָס טרײַבט זיי צוזאַמען.

23.

The mother moves about with determination:
socks to be darned, supper dishes to be scoured.
The father makes music, even as the household budget eludes him.
A white cat hums in content accompaniment.
In the window a candle burns for the prodigal son.

די מאַמע גייט מיט פֿעסטקייט:
זאָקן צו פֿאַרצירעווען, וועטשערע-כלים צו שײַערן.
דער טאַטע מאַכט מוזיק אַפֿילו בשעת דער היימבודזשעט בלײַבט אים אַ
מיסטעריע.
אַ ווײַסע קאַץ זשומעט מיט מיט צופֿרידנקייט.
אין פֿענצטער ברענט אַ ליכט פֿאַרן אויסברענגערישן זון.

24.

The mother adored the tinny music of the carrousel.
She leaned against the plastic stallion as it galloped
through clouds of popcorn and cotton candy and apple pie.
Could she ever win a blue ribbon?
No child called her name.

די מאַמע האָט ליב געהאַט די סקריפּענדיקע מוזיק פֿון דער קאַרוסעל.
זי האָט זיך אָנגעלענט אויפֿן פּלאַסטישן אָגער בשעת ער גאַלאָפּירט
דורך וואָלקנס קאָקאָשעס און צוקער-וואַטע און עפּלפּײַ.
וואָלט זי געקענט אַ מאָל געווינען אַ בלויע סטענגע?
קיין קינד האָט נישט אויסגערופֿן איר נאָמען.

25.

He seems to have a different effect on other women, Papa remarked.

Over potatoes and our protestation, she said that He could not be rushed.

Once she came gasping, furious at His broken promise.

Today, while Dov-Ber stroked her hand, she said she felt His garlic breath under her kerchief.

Your grandmother has a unique relationship with the Messiah, Papa continued.

ס'זעט אויס אַז זײַן ווירקונג איז אַנדערש אויף אַנדערע פֿרויען, האָט דער טאַטע באַמערקט.

בײַ קאַרטאָפֿל און אונדזער פּראָטעסט האָט זי געזאָגט אַז מע קען אים נישט אײַלן.

איין מאָל איז זי געקומען פֿאַרסאָפּעט, אין כּעס איבערן זײַן צעבראָכענעם צוזאָג.

הײַנט בשעת דבֿ-בער האָט געגלעט איר האַנט האָט זי געזאָגט, אַז אונטער איר טיכל האָט זי געפֿילט קנאָבל פֿון זײַן מויל.

דײַן באָבע האָט אַ באַציִונג מיט משיחן איינע אויף דער וועלט, האָט דער טאַטע ווײַטער געזאָגט.

26.

The stranger’s children made bizarre demands.
As if she could make their mother appear!
The laundry was brazen, relentless.
She could not understand their palate, the steady plates of gruel.
All her steps led to the tiny green fountain in the hero’s park.

די קינדער פֿון דעם פֿרעמדן האָבן געהאַט מאָדנע פֿאָדערונגען.
אַזוי ווי זי וואָלט געקענט אַפּערכּישופֿן זייער מאַמע.
דאָס וועש איז געווען חוצפּהדיק, אומברחמנותדיק.
זי האָט נישט געקענט פֿאַרשטיין זייער געשמאַק, טעלער קאַשע אָן אַ סוף.
אַלע אירע טריט האָבן געפֿירט צום קליינטשיקן גרינעם פֿאָנטאַן אינעם
העלדנפּאַרק.

27.

I am free to move between these shops at will.
Outside I sometimes pause to admire a purposeful cornice.
The stone angel in the park always includes me in her benediction.
But with a glimpse of the familiar stride, I almost lost all of this.
After all these years, you see—my brother.

כ'קען גיין צווישן די קראָמען ווען איך וויל, ווי איך וויל.
אין דרויסן שטעל איך זיך אָפּ אַ מאָל צו באַוווּנדערן אַ צילוויסיקן קאַרניז.
דער שטיינערנער מלאך אין פּאַרק רעכנט מיך אַלע מאָל אַרײַן אין אירע ברכות.
אָבער מיט אַ קוק אויפֿן באַקאַנטן שפּאַן האָב איך דאָס אַלץ כמעט פֿאַרלוירן.
נאָך די אַלע יאָרן, דו פֿאַרשטייסט—מײַן ברודער.

28.

Did you see that girl?
On the night of the physics exam, she reviewed the stars,
small flashes of light. Against the backdrop of bold equations,
she refused the compassion of her old friend, her brother.
Bella Bella ran through fields.

האָסטו געזען דאָס מיידל?
אין דער נאַכט פֿאַרן פֿיזיק-עקזאַמען האָט זי איבערגעחזרט די שטערן,
די בליצעלעך. אַנטקעגן דעם הינטערגרונט פֿון געוואַגטע גלײַכונגען,
האָט זי זיך אָפּגעזאָגט פֿונעם מיטגעפֿיל פֿון איר אַלטן פֿרײַנד, איר ברודער.
בעלאַ בעלאַ איז געלאָפֿן דורך פֿעלדער.

29.

The men in dark dresses and peachday lips crooned farewell.
Their bangles chimed against the plague shovels.
This boy had crowned November evenings.
They lowered the box into insatiable earth.
Out of sight an old man whispered ancient words into the wind.

די מענער אין טונקעלע קליידלעך און פֿערשקעטאָג-ליפּן האָבן זיך געזאַנג-געזעגנט.
זייערע בראַסלעטן האָבן געקלונגען אַנטקעגן די מגיפֿה-שופֿלען.
דער בחור האָט געקרוינט חשוון-אָוונטן.
זיי האָבן אַראָפּגעלאָזט דעם קאַסטן אין אומזעטיקלעכער ערד.
מחוץ דעם אויגנגרייך האָט אַן אַלטער ייִד אַרײַנגעשושקעט אוראַלטע ווערטער אין ווינט.

30.

In the orphanage someone once whispered, “Mouse girl!”
Today her control over the receipts earns praise.
Her brown-gray gray-brown hair no longer offends.
At night she lowers her face between red leaves
before she closes her eyes against a life without love.

אינעם יתומים-הויז האָט עמעצער איין מאָל געשושקעט,"מויזמיידל!"
הײַנט פֿאַרדינט איר בקיאות מיט דער הכנסה גאַנץ פֿײַן שבֿח-והודאה.
אירע ברוין-גרויע גרוי-ברוינע האָר זײַנען איצט מער נישט קיין באַליידיקונג.
בײַ נאַכט לאָזט זי אַראָפּ דאָס פּנים צווישן רויטע בלעטער
איידער זי פֿאַרמאַכט די אויגן אַנטקעגן אַ לעבן אָן ליבשאַפֿט.

31.

We were silver goddesses together.
In ancient lace bodices and parchment shawls,
our small bodies shone white and unpunished.
The eaves of the attic echoed in seeming marble splendor.
No reflection interrupted our wordless joy.

מיר זײַנען געווען זילבערנע געטינס צוזאַמען.
אין אַנטיקע שפּיצן-באָדיסן און פּאַרמעטענע שאַלן
האָבן אונדזערע קליינע גופֿים געגלאַנצט ווײַס און אומבאַשטראָפֿט.
די רינוועס פֿון בוידעמס האָבן געהילכט אין כּלומרשדיקער מאַרמערנער פּראַכט.
קיין אָפּשײַן האָט נישט איבערגעריסן אונדזער וואָרטלאָזע פֿרייד.

III.

Shadow Men:
Eros

שאָטן-מענער:
עראָס

32.

She knew how to strut!
Eyes asmile, ever a knowing step ahead.
Even she couldn't sanction this union.
So we three danced together.
Just once: you, me, and Mae West.

זי האָט געוווּסט ווי זיך אויסצופּײַנען!
מיט אויגן פֿאַרשמייכלטע, אַלע מאָל מיט אַ וויסנדיקן טראָט פֿאָרויס.
אַפֿילו זי האָט נישט געקענט בענטשן די באַהעפֿטונג.
דערפֿאַר האָבן מיר דרײַ צוזאַמענגעטאַנצט.
נאָר איין מאָל: דו, איך, און מיי וועסט.

33.

Bodies white through green.
Smoke around our heads.
From a corner: keychain against your nearby pile of pants.
A brown hat below a dazzled beard.
This is why I remember.

גופֿים ווײַס דורך גרין.
רויך אַרום אונדזערע קעפּ.
פֿון אַ ווינקל: שליסל-קייטל לעבן דײַן נאָענטן הויפֿן הויזן.
אַ ברוינער הוט אונטער אַ פֿאַרבלענדטער באָרד.
צוליב דעם געדענק איך.

34.

This task only seemed Herculean.
Moving desire about.
Framing the question of the medieval apple.
How to burn the river footpath.
I considered Samuel.

די אויפֿגאַבע האָט נאָר אויסגעזען איבער די כּוחות.
רוקן תּאווה אַהין און אַהער.
שטעלן די פֿראַגע פֿון מיטל-עלטערישן עפּל.
ווי צו ברענען די טײַכסטעשקע.
איך האָב באַטראַכט שמואלן.

35.

The lanterns were right, after all.
As you said: everyone had come.
No cheese was exaggerated, unwelcome.
Even Jane was pleased.
We slipped away.

די לאַמטערנס זײַנען געווען סוף־כּל־סוף גערעכט.
ווי דו האָסט געזאָגט: יעדער איינער איז געקומען.
קיין קעז איז נישט געווען איבערגעטריבן, ניט־אָנגעלייגט.
אַפֿילו דזשיין איז געווען צופֿרידן.
מיר האָבן זיך אַוועקגעגנבֿעט.

36.

I glimpsed you in the music as the others filed for their coats.
Jane's laughter twinkled in the entry hall.
A candle illuminated your stubborn brow.
How could I have known?
Maybe we can talk about it in the morning.

כ'האָב דיך געזען אין דער מוזיק בשעת די אַנדערע זײַנען פֿאַרבײַ נאָך זייערע מאַנטלען.
דזשיינס געלעכטער האָט געפֿינקלט אינעם אַרײַנגאַנג.
אַ ליכט האָט באַלויכטן דײַן עקשנותדיקן שטערן.
ווי האָב איך געקענט וויסן?
אפֿשר קענען מיר רעדן וועגן דעם אין דער פֿרי.

37.

She sat by the mirror, aware of the timelessness of her pose and
    task.
She considered the forces that brought the crowds into the rooms
    below:
the allure of alliance, fellowship, curiosity, and need.
She arranged the final tendrils of her chignon and tried to will his
    attendance.
Slowly, she descended the stairs, and the words gathered brightly.

זי איז געזעסן פֿאַרן שפּיגל, באַוווּסטזיניק פֿון דער אייביקייט פֿון איר פּאָזע און
אויפֿגאַבע.
זי האָט געקלערט וועגן די קראַפֿטן וואָס האָבן געבראַכט די מענטשן אין די
צימערן אונטן:
דער צוצי פֿון יד-אַחת, חבֿרשאַפֿט, נײַגעריקייט, און נויט.
זי האָט אַראַנזשירט די לעצטע הערעלעך פֿון איר שיניאָן און האָט געפּרוּווט מיט
די בלויזע געדאַנקען אַרויסרופֿן זײַן בײַזײַן.
פּאַמעלעך איז זי אַראָפּ די טרעפּ, און די ווערטער זײַנען זיך העל צונויפֿגעקומען.

38.

He stood by the window, head lowered.
Spoke of a house by a lake.
A certain time of day: rising dusk.
And a canoe, only just drying.
God, lead me to forgiveness.

ער איז געשטאַנען בײַם פֿענצטער, אַראָפּגעלאָזט דעם קאָפּ.
האָט גערעדט וועגן אַ הויז בײַ אַן אָזערע.
אַ געוויסע צײַט פֿון טאָג: אויפֿגייענדיקער בין-השמשות.
און אַ קאַנו, אָט-אָט געטריקנט.
גאָט, פֿיר מיך צו מחילה.

39.

Sunday after love I found your hair on my lip.
Undone the intricate tapestry of your indecision.
The heirloom quilt of your terror: given finally to auction.
This, then, is what I sought:
a strand of thin, supple staying.

זונטיק נאָך דער ליבע האָב איך געפֿונען דײַן האָר אויף מײַן ליפּ.
געמאַכט צו גאָרנישט דאָס פֿאַרוויקלטע וואַנטגעוועב פֿון דײַן אומבאַשלאָסנקייט.
די ירושה-קאָלדרע פֿון דײַן שרעק: געגעבן צום סוף צו ליציטירן.
אָט דאָס זשע האָב איך געזוכט:
אַ שנירל דין, בייגיק פֿאַרבלײַבן.

40.

The scholar drifted over the Talmudic page.
The topical paradoxes metastasized and wound iron coils around
his neck.
His beard snagged on the thorns of argumentation.
He pushed them aside to reveal a movement of startling simplicity:
his lips against the nipples of his study partner!

דער תּלמיד-חכם האָט געשוועבט איבערן בלאַט גמרא.
די סתּירות אין דער סוגיא האָבן זיך פֿאַרמערט און אַרומגעוויקלט אײַזערנע
פּעטליעס אַרום זײַן האַלדז.
זײַן באָרד האָט זיך פֿאַרפּלאָנטערט אין די דערנער פֿון פּילפּול.
ער האָט זיי געשטופּט אָן אַ זײַט כּדי צו אַנטפּלעקן אַ באַוועגונג פֿון פּלאדיקן
פּשטות:
זײַנע ליפּן לעבן די אָפּלען פֿון זײַן חבֿרותא!

41.

Maybe it was the hunger to come.
The possibility of the atonement gates to open.
The bodies lined up, soon to be dipped in the pooled rain.
The hair dripping dark sanctity as they returned up the ritual
    bathhouse steps.
On the verge of awe, purity hovered out of reach.

אפֿשר איז דאָס געווען דער קומעדיקער הונגער.
די מיגלעכקייט פֿון עפֿענען די כּפּרה-טויערן.
די רייען גופֿים וואָס וועלן באַלד געטונקט ווערן אינעם אָנגעזאַמלטן רעגן.
די האָר טריפֿנדיק מיט טונקעלער קדושה בעת זיי זײַנען צוריק אַרויף די
    מיקווה-טרעפּ.
אויפֿן ראַנד פֿון יראה האָט טהרה געהויערט נישט צו דערגרייכן.

42.

The spread legs on my left lingered.
Even through the subway pole, a sleeve brushed mine.
Underneath an unfamiliar jacket, I knew what I would see.
Opposite the panel of downturned eye, these seemed to drift back.
Ghost, I have been quiet so long!

די צעשפרייטע פֿיס דאָ לינקס זײַנען געבליבן.
אַפֿילו דורך דער אונטערבאַן-שטאַבע האָט אַן אַרבל זיך פֿאַרטשעפעט אין
מײַנעם.
אונטער אַן אומבאַקאַנטן רעקל האָב איך געוווסט וואָס איך וואָלט געזען.
אַנטקעגן דער וואַנט פֿון אַראָפגעלאָזטע אויגן האָט זיך געדאַכט אַז אָט די קומען
צוריק.
שד, איך בין שטיל שוין אַזוי לאַנג!

43.

my landlady, Greenpoint, Brooklyn, N.Y., 1996-2003

Portraits of the long-haired Jew splayed on his affliction dot her
walls.
On the hottest day of the year, only black will suffice.
She shouts at the dealers, the junkies, and at Master above:
How long?
She squints at me through the Venetian blinds
as I ascend quickly through the gloom to my own den of vice.

מײַן בעל-הביתטע, גרינפּוינט, ברוקלין, נ.י., 2003-1996

פּאָרטרעטן פֿונעם לאַנג-האָריקן ייִדן אויסגעשטרעקט אויף זײַנע יסורים
באַפּינטלען די ווענט.
אינעם הייסטן טאָג פֿון יאָר איז פּאַסיק נאָר שוואַרץ.
זי שרײַט אויף די הענדלער, די נאַרקאָטיקערס, און נאָכדעם אויפֿן האַר אויבן:
ווי לאַנג?
זי שיקלט אויף מיר דורך די שטאָרעס
בשעת איך לויף אַרויף דורכן חושך אין מײַן אייגענער נאָרע פֿון פּסלנות.

44.

I knew well the turns and revelations of path, at last a boy scout:
the hills, where the ivy turned poisonous,
when the trains came, leaving us all a bit breathless,
who might display a badge, then handcuffs, and then
    the waiting car,
who might caress me beneath the fold of tree.

איך האָב גוט געקענט די אַלע דרייען און אַנטפּלעקונגען פֿון וועג, צום סוף אַ
סקויט:
די בערגלעך, וווּ די בלעטלעך זײַנען געוואָרן סמיק,
ווען די באַנען זײַנען אַדורך און אונדז געלאָזט אַ ביסל פֿאַרסאָפּעט נאָך זייער
אַרויספֿאָרן,
דער וואָס וועט אפֿשר באַווײַזן אַן אָפּצייכן, דערנאָך האַנטקייטלעך, און דערנאָך
דעם וואַרטנדיקן אויטאָ,
דער וואָס וועט מיך אפֿשר גלעטן אונטערן קנייטש פֿון בוים.

45.

My last night with Giacomo gleams green in my dreams.
His eyes illuminated the fruit laden table and the expanse of philosophy tomes.
He carried me to his monk's bed, deliciously inadequate to our writhing.
His grin, crowned with pomegranate nectar, bore me further aloft.
I burnish this scene at dawn: still furious, still grateful after all these years.

מײַן לעצטע נאַכט מיט דזשאַקאָמאָ גלאַנצט גרין אין מײַנע חלומות:
זײַנע אויגן האָבן באַלויכטן דעם פֿרוכט-באַלאָדענעם טיש און דעם אויסשפּרייט פֿילאָסאָפֿיע-בענד.
ער האָט מיך געטראָגן צו זײַן מאָנאַך-געלעגער, מחיהדיק צו קליין פֿאַר אונדזער קאָרטשען זיך.
זײַן שמייכל, געקרוינט מיט מילגרוימזאַפֿט, האָט מיך ווײַטער אויפֿגעהויבן.
איך פּוץ אָפּ די סצענע פֿאַר טאָג: נאָך אַלץ אין כּעס, נאָך אַלץ דאַנקבאַר די אַלע יאָרן.

46.

The whistle of the locomotive announced the imminence of his
    descent.
She wondered if she was in order: clothes too bright? too much
    perfume?
Her heart sought to locate a circle of stillness.
He descended from the dark red doors, the crowds, and the smoke,
nodding and assessing the size of her expectation. And she knew
    she would have to save herself.

דער פֿײַף פֿונעם לאָקאָמאָטיוו האָט אָנגעזאָגט די אָט־אָטיקייט פֿון זײַן אַראָפּגיין.
זי האָט זיך געפֿרעגט צי אַלץ איז בײַ איר אין אָרדענונג: קליידער צו העל? צו
    פֿיל פּאַרפֿום?
איר האַרץ האָט געפּרוּווט געפֿינען אַ קרײַז פֿון שטילקייט.
ער איז אַראָפּ פֿון די טונקעלע רויטע טירן, די מאַסן און דעם רויך, שאָקלענדיק
    מיטן קאָפּ און אָפּשאַצנדיק די גרייס פֿון איר דערוואַרטונג. און זי האָט
    פֿאַרשטאַנען אַז זי וועט זיך דאַרפֿן אַליין ראַטעווען.

47.

The lovers spread out on the white blanket.
Green grapes, wheat bread introduced further pleasure.
His beard tickled her ravenous breasts; his tongue sought her
    blistered fingers.
For a moment she forgot the sweatshop and her father, wheezing in
    the dark.
How could they have known that the eyes of the village were upon
    them?

די געליבטע האָבן זיך אויסגעשפרייט אויפֿן װײַסן קאָץ.
גרינע װײַנטרויבן, װײצן ברויט האָבן צוגעגעבן װײַטערדיקע הנאה.
זײַן באָרד האָט געקיצלט אירע הונגעריקע בריסט; זײַן צונג האָט געזוכט אירע
    אָנגעריבענע פֿינגער.
אַ מאָמענט האָט זי פֿאַרגעסן אינעם סוועטשאַפּ און דעם טאַטן, הוסטנדיק אין
    פֿינסטערניש.
װי אַזוי האָבן זײ געקענט װיסן אַז די אויגן פֿונעם דאָרף האָבן געקוקט אויף זײַ?

48.

Towering reeds framed but could not shield the gray beach house.
Its wooden panels were warped by the winds of the north coast.
In the off-season the youth snuck in to escape draconian village codes.
Disciplined rebels, they never left traces of their interludes of pleasure.
Only an occasional whisper, a fading footstep led the sea to conjecture.

הויכע ראָרן האָבן אײַנגערעמלט אָבער נישט געקענט היטן דאָס גרויע פּלאַזשע-הויז.
זײַנע הילצערנע ברעטער זײַנען געווען אויסגעקרימט פֿון די צפֿון-ברעג-ווינטן.
אינעם סלעק-סעזאָן האָט די יוגנט זיך אַרײַנגעגנבֿעט צו אַנטלויפֿן פֿון שטרענגע דערפֿל-קאָדעקסן.
דיסציפּלינירטע מורדים, האָבן זיי קיין מאָל נישט געלאָזט קיין שפּורן פֿון זייערע אינטערלודן פֿון תּענוג.
נאָר אַ זעלטענער שעפּטש, אַן אַוועקפֿאַלנדיקער טראָט האָבן געפֿירט דעם ים צו השערה.

49.

My hands traveled over the table's lines.
Through the linen I saw the grains of our possibility.
My teeth sought out the new-year fish.
I read its scales as jewels, its network of veins as a map of bounty.
In a moment of misperception, the path of my life was forged.

מײַנע הענט זײַנען געפֿאָרן אויף די ליניעס פֿונעם טיש.
דורך דער לײַוונט האָב איך געזען די קערלעך פֿון אונדזער מיגלעכקייט.
מײַנע ציין האָבן געזוכט דעם ראָש-השנה-פֿיש.
כ'האָב געלייענט זײַנע שופּן ווי איידלשטיינער, זײַן נעץ פֿון אָדערן ווי אַ מאַפּע
פֿון שפֿע.
אין אַ מאָמענט פֿון אומפֿאַרשטייעניש איז דער וועג פֿון מײַן לעבן אויסגעקאָוועט
געוואָרן.

50.

The longevity of her skin's surrender surprised her.
The "resilience of the young body" proved to be overstated here.
From beneath its whiteness other colors emerged and endured.
She found these violet and blue designs oddly alluring.
Slowly, she gathered her few things.

דאָס אַריכות-ימים פֿון איר הויטס אָפּגעבן האָט זי פֿאַרחידושט.
די "גיביקייט פֿונעם יונגן גוף" איז דאָ נישט געווען אַזוי.
פֿון אונטער איר ווײַסקייט זײַנען אַרויס און געבליבן אַנדערע קאָלירן.
זי האָט געפֿונען די וויאָלעטע און בלויע פֿורעמס צוציִענדיק אויף אַ מאָדנעם
אופֿן.
פּאַמעלעך האָט זי צונויפֿגעזאַמלט אירע פּאָר זאַכן.

51.

In the car a man and woman grope; a boy yawns behind them.
On screen a pistol makes its gleaming debut.
Whenever it's lifted, the woman screams at the boy, "Don't look!"
As images of carnage dance above, Roller Girl glides by and offers
cookies and milk and spangles against the scorched night.

אינעם אױטאָ טאַפּן זיך אַ מאַן און פֿרױ; הינטער זײ גענעצט אַ קלײן ייִנגל.
אױפֿן עקראַן גלאַנצט אַ פּיסטױל צום ערשטן מאָל.
װען נאָר מען הײבט אים אױף שרײַט די פֿרױ אױפֿן ייִנגל, "קוק נישט!"
בשעת אימאַזשן פֿון בלוטבאָד טאַנצן אױבן גליטשט זיך ראָלער-מײדל פֿאַרבײַ
און דערלאַנגט
קיכעלעך און מילך און פֿליטערלעך אַנטקעגן דער פֿאַרברענטער נאַכט.

52.

She said, I only go with tourists from the best hotels.
I got my pride and my standards.
Take some of this here pizza, honey. Damn, it's cold out here.
I ain't goin' with that old goat. If I just had $100, I could go home.
Baby, help me with my buckle.

זי האָט געזאָגט, כ'גיי נאָר מיט טוריסטן פֿון די בעסטע האָטעלן.
כ'האָב מײַן שטאָלץ און מײַנע סטאַנדאַרדן.
נעם אַ ביסל פּיצע, זיסקייט. אוי, ס'איז קאַלט דאָ.
כ'גיי נישט מיטן אַלטן באָק. ווען כ'וואָלט נאָר געהאַט 100 דאָלאַר, וואָלט איך
געקענט אַהיים.
טאַטעלע, העלף מיר מיט מײַן שנאָל.

53.

The evening table is full; no bell is needed.
From the rooming house rooms above: stories in the air:
The day waiting on the ladies—perfume their great minor woe—
and nights with discreet husbands. We are the link between man and wife!
Madame does not ask how young ladies arrive, only that we be on time.

אַלע זיצן שוין בײַם אָוונטטיש; קיין גלאָק דאַרף מען נישט.
פֿון די פּאַנסיאָן-צימערן אויבן: מעשׂיות אין דער לופֿט:
בײַ טאָג באַדינען די דאַמעס—פּאַרפֿום זייער גרויסע קליינע צרה—
און נעכט מיט דיסקרעטע מאַנען. מיר זײַנען דאָס צווישנדל צווישן מאַן און ווײַב!
מאַדאַם פֿרעגט נישט ווי אַזוי יונגע פֿרויען קומען אַהער, נאָר בעט אַז מיר זאָלן זײַן פּינקטלעך.

54.

There was so much to be done: bagels, rye, bagels again, and schnecken.
By the time I arrived, circles of perspiration had already gathered.
My smile in place, I greeted the procession of the impatient.
Still you spoke to me of chiaroscuro and the gift of shadow.
Between the ovens and the counter, I stumbled into grace.

אַזוי פֿיל אַרבעט האָבן מיר געהאַט: בייגל, קאָרנברויט, נאָך אַ מאָל בייגל, און *שנעקן*.
ביז כ'בין אָנגעקומען האָבן זיך שוין געזאַמלט שוויצקרײַזן.
מײַן שמייכל אויפֿן אָרט האָב איך באַגריסט די פּראָצעסיע פֿון די אומגעדולדיקע.
און דאָך האָסטו מיר גערעדט וועגן *קיאַראָסקורו* און דער מתּנה פֿון שאָטן.
צווישן די אויוונס און דעם טאָמבאַנק בין איך אַרײַן אין חן.

IV.

Gleam

גלאַנץ

55.

How will I see my path?
The stones: the small night of your command.
The silver impossibility, the weight of your past triumph.
How will you see your intention,
obscured behind the mask of my obedience.

ווי וועל איך זען מײַן וועג?
די שטיינער: די קליינע נאַכט פֿון אײַער באַפֿעל.
די זילבערנע אוממיגלעכקייט, די וואָג פֿון אײַער פֿאַרגאַנגענעם נצחון.
ווי וועט איר זען אײַער כּוונה,
פֿאַרטונקלט הינטער דער מאַסקע פֿון מײַן געהאָרכיקייט.

56.

She worked hard for these small rooms,
this narrow iron bed.
In the dawn light, the pitcher and bowl prove quite essential.
This is where she provides welcome.
Hold her close in the moment before grief.

זי האָט שווער געהאָרעוועט פֿאַר אָט די צימערן,
דער ענגער אײַזערנער בעט.
אין דער פֿאַרטאָגליכט זײַנען דער קרוג און די שיסל גאָר עיקרדיק.
דאָ גיט זי אַ ברוך-הבא.
האַלט זי נאָענט אינעם מאָמענט פֿאַר צער.

57.

The borders are still rectangular, only now precise and purple.
The richness of your instruction has born fruit. *Thank you.*
Six supple Latin words dizzy around my tongue's gates.
I have disappeared from a neighboring region. *You've heard of it, I'm*
    sure.
Pardon the sorrow staining your young mimosa.

די גרענעצן זײַנען נאָך אַלץ גראָדעקיק, נאָר איצט בדיוקדיק און לילאַ.
די רײַכקייט פֿון אײַער לערע האָט אַרויסגעבראַכט פֿרוכט. *אַ דאַנק.*
זעקס בייגיקע לאַטײַנישע ווערטער ווערן שווינדלדיק אַרום מײַן צונגס טויערן.
כ'בין פֿאַרשוווּנדן פֿון אַ שכנישן ראַיאָן. *זיכער קענט איר אים.*
זײַט מוחל דעם טרויער וואָס באַפֿלעקט אײַער יונגע מימאָסע.

58.

Between the darkening angles of brick:
two youths and a Doberman straining.
Encircling: the man with one leg and a cane.
Foaming: this intrusion, this aberration!
I turned away.

צווישן די צוויי ווינקלען פֿון ציגל וואָס פֿאַרטונקלען זיך:
צוויי יונגען און זייער דאָבערמאַן זיך אָנשטרענגענדיק.
אַרומרינגלענדיק: דעם מאַן מיט איין פֿוס און אַ שטעקן.
שוימענדיק: דער אַרײַנרײַס, דער אָפּווײַך!
איך האָב זיך אַוועקגעדרייט.

59.

If only I could understand these threads of blue that snake
through me.
The long alleys of my nights have led to no new clarity.
I stood with the others by the halls of power and waited for a word,
a gesture.
Soon I will slip between silver birches to a canopy of silk shrouds.
Baroness, empress, dark beauty, whoever you are, come sing with
me!

הלוואַי וואָלט איך געקענט פֿאַרשטיין די פֿעדעם פֿון תּכלת וואָס שלענגען זיך
דורך מיר.
די לאַנגע געסלעך פֿון מײַנע נעכט האָבן נישט געפֿירט צו קיין נייער קלאָרקייט.
כ'בין געשטאַנען מיט די אַנדערע בײַ די זאַלן פֿון מאַכט און געוואַרט אויף אַ
וואָרט, אַ זשעסט.
באַלד וועל איך זיך דורכגנבענען צווישן זילבערנע בערעזעס אין אַ חופּה פֿון
זײַדענע תּכריכים.
באַראָנעסע, קייסערינע, טונקעלע שיינקייט, ווער נאָר דו ביסט, קום זינג מיט
מיר!

60.

Through the neon arches, she trudged to forage.
Basket on her head, a woman of a nearby century.
This way, this way, implored voices from the shadows.
Face between turnips and orchids, she paused. *How long this abundance?*
Her body tightened, eyes wide to the damp cries and the blue nocturne.

זי האָט געזוכט זיך שלעפּנדיק דורך די נעאָן-בויגנס.
קויש אויפֿן קאָפּ, אַ פֿרוי פֿון אַ נאָענטן יאָרהונדערט.
קום אַהער, קום אַהער, האָבן געבעטן קולער פֿון די שאָטנס.
דאָס פּנים צווישן ברוקוועס און אָרכידעעס, האָט זי זיך אָפּגעשטעלט. *ווי לאַנג די שפֿע?*
איר גוף האָט זיך פֿאַרשטײַפֿט, אויגן אָפֿן צו די פֿײַכטע שרײַעניש און דעם בלויען נאָקטורן.

61.

The talk was well-crafted, delicate.
A certain precision was insisted upon.
And yet wine poured; people breathed easy.
The camera slowly caressed the circle rose
as I sought the old woman trembling in the corner.

דער שמועס איז געווען גוט געפֿורעמט, דעליקאַט.
אויף אַ געוויסער פּרעציזקייט איז מען באַשטאַנען.
און דאָך האָט זיך געגאָסן ווײַן; מענטשן זײַנען געווען אָפּגעשפּאַנט.
דער פֿאָטאָ-אַפּאַראַט האָט פּאַמעלעך געגלעט די קרײַזרויז
בשעת איך האָב געזוכט די אַלטע פֿרוי וואָס האָט געציטערט אין ווינקל.

62.

I crossed over from the clearing into the forest.
The silver birches welcomed me; the pines whispered my name.
The creatures that I once knew in zoology class reintroduced
    themselves.
They refused to abandon me as I progressed further towards the
    forest's eye.
The devil's melody caressed the blisters of my feet and the brushfire
    of my fear.

כ'בין פֿון דער פּאָליאַנע אַרײַן אין וואַלד.
די זילבערנע בערעזעס האָבן מיך באַגריסט; די סאָסנעס האָבן מײַן נאָמען
    געשושקעט.
די בריאות וואָס כ'האָב אַ מאָל געקענט אין זאָאָלאָגיע-קלאַס האָבן זיך ווידער
    פֿאָרגעשטעלט.
זיי האָבן בשום-אופֿן מיך נישט געוואָלט איבערלאָזן אויף הפֿקר בשעת כ'בין
    ווײַטער אַהין צום וואַלדס אויג.
דעם טײַוולס ניגון האָט געגלעט די בלאָטערס פֿון מײַנע פֿיס און דעם פֿײַער
    פֿון מײַן פּחד.

63.

When the tavern closed, I made my way down the long alley,
surprised to hear so many voices:
the tinkle of giggle, the muted insistence.
Stunned, I wondered which doorway was mine.
All the doors were suddenly green.

נאָך דעם ווי מע האָט פֿאַרמאַכט די שענק בין איך געגאַנגען דורכן לאַנגן געסל,
איבערראַשט צו הערן אַזוי פֿיל שטימען:
דער קלינגל פֿון כיכעניש, די געפּרעפּלטע צושטייִקייט.
פֿאַרדולט האָב איך זיך געפֿרעגט וועלכע טיר ס'איז מײַנע.
אַלע טירן זײַנען פּלוצעם געוואָרן גרין.

64.

The alleys were quiet; no trace of all that had come before.
Was the thunder of hooves once heard here?
Only gray now, with occasional figures in black pulling carts.
The residents prepared themselves for nights of rest.
Still, a curtain shivered, a shutter louvered more open.

אין די געסלעך איז געווען שטיל; נישט געווען קיין שפּור פֿון אַלץ וואָס איז
פֿריִער געשען.
צי האָט מען דאָ געהערט אַ מאָל דעם דונער פֿון טלאָען?
נאָר גרוי איצט, מיט זעלטענע שוואַרץ-באַקליידטע פֿיגורן וואָס שלעפּן
וואַגאָנען.
די אײַנוווינער האָבן זיך צוגעגרייט אויף רויִקע נעכט.
פֿונדעסטוועגן האָט אַ פֿאָרהאַנג געציטערט, אַ לאָדן זיך ברייטער געעפֿנט.

65.

This time I would go.
Through the pillars, gleaming far ahead.
Only the caves made their requests.
Of course I was making good time.
Two footsteps were heard behind.

דאָס מאָל וועל איך יאָ גיין.
דורך די זײַלן וואָס גלאַנצן פֿון דער ווײַטנס.
בלויז די הײלן האָבן עפּעס געבעטן.
עס איז זיך מיר זיכער גוט געגאַנגען.
צוויי טריט האָט מען געהערט פֿון הינטן.

66.

A movement between twilights.
The bough will bend.
Magnolia footsteps will dodge a famished Norwegian moon.
The animals have already eaten.
Tell me where this road will end.

אַ באַוועגונג צווישן בין-השמשותן.
די צווײַג וועט זיך בייגן.
מאַגנאָליע-טריט וועלן אויסמײַדן אַ פֿאַרהונגערטע נאָרוועגישע לבֿנה.
די בהמות האָבן זיך שוין געפּאַשעט.
זאָג מיר ווו דער וועג וועט זיך ענדיקן.

67.

The bells chimed against the last Talmudic passage.
The children lined up to plunder its pleasures.
Orange and blue balls pounded the fading light.
Thick cream, broken glass framed the unresolved contradiction.
We thought we could stop the ice cream truck!

די גלעקער האָבן געקלונגען אַנטקעגן דער לעצטער גמרא-סוגיא.
די קינדער האָבן זיך געשטעלט אין אַ ריי צו ראַבעווען אירע הנאָות.
אָראַנזשענע און בלויע פּילקעס האָבן געקלאַפּט די אויסגייענדיקע ליכט.
דיקער קרעם, צעבראָכן גלאָז האָבן אײַנגערעמלט די נישט-פֿאַרענטפֿערטע
סתּירה.
מיר האָבן געמיינט אַז מיר קענען אָפּשטעלן דעם אײַזקרעם-אויטאָ!

68.

For most it was a space to be traversed en route to more
substantial chambers.
But she loved its unadorned stone, always so cool to the touch.
And she could see herself most clearly in its mirrorlessness.
If only she could pause eternally on the thresholds of the
passageway,
certain that what awaited her in the near beyond had been
miraculously transformed.

פֿאַרן רובֿ מענטשן איז עס געווען אַן אָרט אַדורכצוגיין אויפֿן וועג צו מער
ממשותדיקע צימערן.
אָבער זי האָט ליב געהאַט זײַן אומפֿאַרפּוצטער שטיין, שטענדיק אַזוי קיל.
און זי האָט זיך געקענט זען מיט דער העכסטער קלאָרקייט אין זײַן
שפּיגללאָזיקייט.
הלוואַי זאָל זי קענען אויף אייביק זיך אָפּשטעלן אויף די שוועלן פֿונעם פּאַסאַזש,
זיכער אַז דאָס וואָס וואַרט אויף איר אָט דאָרטן האָט זיך געהאַט געענדערט על-
פּי נס.

69.

The sun explodes against the cotton panels.
A new world order awaits beyond the lake.
Gilded swans prance on the mirrored surface of our together years.
The willows sway above them and refuse to weep.
Hold my hand before I go.

די זון רײַסט אויף לעבן די באַוולנע טאָוולען.
אַ נײַער וועלט-סדר וואַרט אויף יענער זײַט אָזערע.
גאָלדענע שוואַנען טאַנצן אויף דער באַשפּיגלטער אייבערפֿלאַך פֿון אונדזערע צוזאַמען-יאָרן.
די ווערבעס וויגן זיך איבער זיי און זאָגן זיך אָפּ פֿון וויינען.
האַלט מיך פֿאַר דער האַנט איידער איך גיי.

70.

In the watering hole, the reasons for departure became clear:
the stench of civic stagnation had become grotesque;
the fortress of the town's disinterest repelled any embryo of hope.
The shadow play of a circus procession—a bearded diva, a clown
with a dwarf on his shoulder, a strong man with a leashless tiger—
against the illuminated prison wall offered another option.

אין דער שענק זײַנען די סיבות פֿאַר זײַן אַוועקגיין געוואָרן קלאָר.
דאָס געשטאַנק פֿון שטאָטישער סטאַגנאַציע איז געוואָרן גראָטעסק;
די פֿעסטונג פֿון דער שטאָטס גלײַכגילט האָט אָפּגעשטופּט יעדן שמץ פֿון
האָפֿענונג.
די שאָטנשפּיל פֿון אַ צירק-פּראָסעסיע—אַ באַבערדלטע דיוואַ, אַ פּאַיאַץ מיט אַ
קאַרליק אויף דער פּלייצע, אַ גיבור מיט אַ שטריקללאָזן טיגער—אויף דער
באַלויכטענער תּפֿיסה-וואַנט האָט אָנגעבאָטן אַן אַנדער ברירה.

71.

Beyond the rainbow was an expanse of milky uncertainty.
Messengers hurried back and forth on missions of furtive urgency.
Bells shivered to herald messages of accomplishment.
The absence of color led to a calm in the heavens.
Stars dissolved on the tongues of waiting angels.

אויף יענער זײַט רעגן-בויגן איז געלעגן אויסגעשפרייט אַ מילכיקע
אומזיכערקייט.
שליחים האָבן זיך געאײַלט אַהין און צוריק אויף מיסיעס פֿון גנבֿישער
גענייטיקייט.
גלעקער האָבן געציטערט צו מעלדן אָנזאָגן פֿון אויפֿטו.
דאָס פֿעלן פֿון קאָליר האָט געפֿירט צו אַ רו אין די הימלען.
שטערן האָבן זיך צעלאָזט אויף די צונגען פֿון וואַרטנדיקע מלאכים.

72.

The road of the voice drew us, and that of the violin bore us
further aloft.
In a language obscurer than our own, we still understood.
Even the rats stopped their squealing and scurrying.
Never had she been so heeded. *Holy, hailed Mary.*
The passing subway trains could not penetrate our midnight circle.

דער וועג פֿונעם קול האָט אונדז צוגעצויגן, און דער פֿונעם פֿידל האָט אונדז
ווײַטער אַרויפֿגעטראָגן.
אין אַ שפּראַך ווייניקער באַקאַנט ווי אונדזערע האָבן מיר דאָך פֿאַרשטאַנען.
אַפֿילו די ראַצן האָבן אויפֿגעהערט זייער פּישטשען און לויפֿן.
מע האָט זיך מיט איר קיין מאָל נישט אַזוי גערעכנט. *הייליקע, צוגערופֿענע מערי.*
די פֿאָרנדיקע אונטערבאַנען האָבן נישט געקענט אַרײַנדרינגען אין אונדזער
האַלבנאַכטיקן קרײַז.

73.

In the snow's light, I remove my wet shirt,
wrenching away the veil from the landscape of my unexamined self.
(Clearly, I would have to do laundry tomorrow.)
A sprinkling of silver in the forest across my chest winks up at me.
My words are my children. Perhaps they will survive.

אין דער ליכט פֿונעם שניי טו איך אויס מײַן נאַס העמד,
אַוועקרײַסנדיק דעם שלייער פֿון דער לאַנדשאַפֿט פֿון מײַן אומבאַטראַכטן
זיך.
(ס'איז קלאָר אַז כ'ל דאַרפֿן מאָרגן וואַשן וועש.)
אַ שפּריץ זילבער אינעם וואַלד איבער דער ברוסט ווינקט אַרויף אויף מיר.
מײַנע ווערטער זײַנען מײַנע קינדער. אפֿשר וועלן זיי איבערלעבן.

74.

The small, gray audiences grow smaller and grayer still.
My words trip on rebellious hearing aids and spectacles askew,
but they dance with dreams of revolution and the goosestep of time.
Sirens and car alarms accompany the group waltz.
Our light flickers into the cosmos.

די קלײנע גרויע עולמס ווערן נאָך קלענער און גרויער.
מײַנע ווערטער פֿאַלן אויף בונטאַרישע דערהערלעך און ברילן קרומע,
אָבער זײ טאַנצן מיט חלומות פֿון רעוואָלוציע און דעם געגדזנטראָט פֿון צײַט.
סירענעס און אויטאָ-אַלאַרעמס באַלײטן דעם גרופּע-וואַלס.
אונדזער ליכט צאַנקט אַרײַן אינעם קאָזמאָס.

75.

A distant wind seduced me; its whistle sang between the stars.
Couples embraced against the columns; the waiters collected the glasses.
The tsarina glittered solo and blessed the languid lust of the congregated.
My father called me to the forbidden books that I loved so.
I entered the music without darkness.

אַ ווײַטער ווינט האָט מיך פֿאַרפֿירט; זײַן פֿײַף האָט געזונגען צווישן די שטערן.
פּאָרלעך האָבן זיך אַרומגענומען לעבן די זײַלן; די סאַרווערס האָבן צונויפֿגענומען די גלעזער.
די צאַרינע האָט געפֿינקלט אַליין און געבענטשט די שמאַכטיקע תּאווה פֿונעם עולם.
דער טאַטע האָט מיך צוגערופֿן צו די פֿאַרבאָטענע ביכער וואָס כ'האָב אַזוי שטאַרק ליב געהאַט.
כ'בין אַרײַן אין דער מוזיק אָן פֿינצטערניש.

76.

The day offered no refuge.
My eyes buckled under its stubbornness.
Only nightfall understood my approach.
I established my station,
a bowl of pears beside.

דער טאָג האָט נישט אָנגעבאָטן קיין מקום-מנוחה.
מײַנע אויגן האָבן געציטערט אונטער זיין עקשנותדיקייט.
נאָר פֿאַרנאַכט האָט פֿאַרשטאַנען מײַן צוגאַנג.
איך האָב עטאַבלירט מײַן סטאַנציע,
אַ שיסל באַרן דערבײַ.

הַיּוֹם לֹא נָתַן מִקְלָט.
עֵינַי נִרְתְּמוּ תַּחַת עַקְשָׁנוּתוֹ.
רַק בֵּין-הַשְּׁמָשׁוֹת הֵבִין אֶת גִּישָׁתִי.
הֵקַמְתִּי אֶת תַּחֲנָתִי,
קְעָרָה עִם אַגָּסִים לְצִידָּה.

77.

The shelves were coated in distance.
What prayers had been whispered over these pages?
How could I hope to glimpse the obscure scenario?
How would these words be shaped?
Under the library moon, the skin of the black tulips opened.

די פּאָליצעס זײַנען געווען באַשמירט מיט ווײַטקייט.
וועלכע תּפֿילות האָט מען געשושקעט איבער די זײַטן?
ווי וואָלט איך געקענט האָפֿענען צו כאַפּן אַ בליק אויף דעם אומקלאָרן סצענאַר?
ווי וואָלט מען געפֿורעמט די ווערטער?
אונטער דער ביבליאָטעק־לבֿנה האָט די הויט פֿון די שוואַרצע טולפּאַנען זיך
געעפֿענט.

הַמַּדָּפִּים נִכְסוּ בְּמֶרְחָק.
אֵיזֶה תְּפִלּוֹת נִלְחֲשׁוּ עַל אֵילוּ הַדַּפִּים?
אֵיךְ אֶקְוֶה לִרְאוֹת אֵת הַתַּסְרִיט הַמְּעוּרְפָּל?
אֵיךְ יְעֻצְּבוּ מִילִּים אֵלֶּה?
תַּחַת יָרֵחַ הַסִּפְרִיָּה נִפְתְּחוּ עוֹרוֹת הַצִּבְעוֹנִים הַשְּׁחוֹרִים.

Afterword

This book was conceived as a valentine to the art academy. When I was a young man, I modeled for art classes in a variety of schools, both fine arts and commercial. What began at a friend's suggestion as an income-generating venture evolved into an ongoing engagement with the body and its representations. Between the ultra-Orthodox world in which I was then living and the erotic (under)world I was beginning to explore, the art academy became for me a site of both rigor and solace, a place to sharpen the eye and reconfigure the self. In those unadorned halls I could separate myself from the shame of my body's traitorous hunger and the need to shield it from the ravages of the plague. By displaying it for artistic scrutiny, I found a way to be both inside and outside my body, to inspire and observe its infinite portrayals. Briefly, I found redemption in objectification, or in becoming an *objet d'art*.

One of the most intriguing exercises for me as a model was the croquis, a series of brief sketches employed by instructors to warm students up for the longer exercises. Poses generally last one or several minutes, and then new poses are assumed. Croquis requires both artist and model to think quickly, creatively, and accurately. And for the model, the aches and pains that result from long poses can be avoided with croquis.

Years later, I considered the application of the practice of croquis to poetry, but with a crucial difference. What would happen if croquis became not a series of warm-up excersises, but an end unto themselves? What if I moved croquis from the peripheries to the very center of my creative exploration? What if the sketchbook became the book? I set about creating a series of poetic sketches limited to 5 lines, an admittedly arbitrary designation but one that I felt would allow me sufficient compositional space in which to work. While croquis excercises often vary in duration, I gave the poems the same number of lines to challenge myself to work within the framework of a pre-assigned structure as well as to give the work a kind of visual coherence.

Unencumbered by the need for expansion, I wanted the drama of the poems to emanate from the suggestion of narrative. I also wanted to channel the disciplined freedom granted me by the art academy to follow the call of unknown protagonists in often mysterious situations, without the constraints of autobiography or readily defined focus. The poems themselves resemble croquis—a glimpse of figures and scenes at a given point, intensely imagined through the force of brevity. Often these are moments of decision making and transition. Some of the poems reveal an insight suddenly gleaned. Still other poems resemble landscapes or still-lifes observed by the painter poet. Throughout the writing I sought to draw upon the sense of excitement shared by both the model creating the poses and the student artists poised to capture their short-lived challenges and to connect to ages past through the timeless task of interpreting the human form. The series eventually became the work that I have presented here.

The central movement of the book is from the distant to the increasingly immediate. In "Dodging the Gargoyle's Embrace," the gaze is historical. The characters face upheaval brought by war and seek to navigate worlds torn asunder. In "Footsteps in the Attic," the lens narrows as family connections and entanglements are mapped out. "Shadow Men" charts the sometimes all-consuming quest for intimate connection. "Gleam" is perhaps the most abstract of the sections. Hints of violence pervade here, and the figures appear to be moving from and toward unknowable goals. A range of emotions and moods is conveyed, beginning with grief and culminating in a sense of possibility and serenity. Instead of clearly unified sections where each poem leads to the other, the poems are situated primarily for heightening of impact. The poems speak to each other but do not explain the location of their neighbors.

A few words on the languages of the text are in order here. All of the poems have an English and a Yiddish version, and the last two poems also have a Hebrew version. English is my primary language and necessarily the one in which I feel most sure-footed. But from my earliest years the rhythms of these other languages have been a central component of my interior soundscape. I heard, sang, studied, and wrote Hebrew from kindergarten onwards and have long admired its economy and beauty. Through idiomatic expression and overheard conversation, Yiddish was also very much in the air of my ultra-Orthodox childhood and youth. In fact, at times, the two languages seemed so interwoven that the boundaries between them were not always apparent to me. However, I only began to study and write in Yiddish in my mid-twenties.

Although a full discussion of my involvement with Yiddish is beyond the scope of this afterword, I would like to note that the language continues to have personal significance. It serves as an entree to a religious and secular heritage and as a practical tool to better envisage the projects of earlier dissenters. But Yiddish also opens an alternative linguistic plane for reinvention. Here, in this place both familiar and alien, I grope my way toward conversation with the unruly ghosts, fellowship and dance at the margins of contemporary Jewish society, and the tranquility of reverie and reflection. And while I have been less involved on a day-to-day level with Hebrew in my literary work, I nonetheless wanted it to be present here. The tri-lingualism of this book reflects my connection to Jewish languages and my hope for an ongoing multi-lingual queer Jewish literary praxis.

Taken together, the poems do not comprise a single journey, but rather a collection of glimpses, captured in shadow to be sure, but perhaps no less engraved. Beyond these brief reflections, I invite the reader to re-visit the worlds opened by the various versions of the poems, to find within their outlines a space for further imagining, which is, in the end, a dream of all art, whether born of the academy or otherwise.

נאָכוואָרט

דאָס בוך איז פֿאַרטראַכט געוואָרן ווי אַ וואַלענטין צו דער קונסט־אַקאַדעמיע. ווען איך בין געווען אַ יונגער־מאַן האָב איך מאָדעלירט פֿאַר קונסטקלאַסן אין פֿאַרשיידענע שולן, אי פֿון שיינע קונסטן אי קאָמערציעלע. דאָס וואָס האָט, נאָך אַ חבֿרטעס פֿאָרשלאָג, זיך אָנגעהויבן ווי אַן אופֿן צו מאַכן אַ ביסל געלט האָט זיך אַנטוויקלט מיט אַ כּסדרדיק פֿאַרנעמען זיך מיטן גוף און זײַנע אויסמאָלונגען. צווישן מײַן פֿרומער היימוועלט און דער עראָטישער (אונטער)וועלט וואָס כ'האָב אָנגעהויבן אויסצופֿאָרשן איז די קונסט־אַקאַדעמיע מיר געוואָרן אַן אָרט אי פֿון שטרענגקייט אי פֿון טרייסט, אַן אָרט אָנצושאַרפֿן דאָס אויג און ווידעראַפּעווען דעם איך. אין די אומפֿאַרפֿוצטע זאַלן האָב איך געקענט זיך צעטיילן פֿון דער בושה פֿון מײַן גופֿס פֿאַררעטערישן הונגער און דער נויט צו היטן אים פֿון די חורבֿות פֿון דער מגפֿה. אויסשטעלנדיק אים צום קינסטלערישן אײַנקוקן האָב איך געפֿונען אַן אופֿן זײַן אי אינעם גוף אי אין דרויסן פֿון אים, צו אינספּירירן און באַמערקן זײַנע אָנסופֿיקע שילדערונגען. אויף אַ קורצער צײַט האָב איך געפֿונען גאולה אין אָביעקטיפֿיקאַציע, אָדער אין ווערן אַן *אָבזשיי דאַר* (*objet d'art*).

איינע פֿון די סאַמע אינטערעסאַנטע געניטונגען וואָס איך האָב געטאָן ווי אַ מאָדעל איז געווען קראָקי, אַ סעריע סקיצעס וואָס לערערס ניצן ווי אַ מין צוגרייטונג אויף די לענגערע געניטונגען. געוויינטלעך געדויערט אַ פּאָזע איין אָדער עטלעכע מינוט, און דערנאָך בײַט מען די פּאָזע. קראָקי פֿאָדערט אַז אי די קינסטלער אי דער מאָדעל זאָלן טראַכטן גיך, שעפֿעריש, און אַקוראַט. און דער מאָדעל קען אַלע ווייטיקן פֿון די לאַנגע פּאָזעס אויסמײַדן מיט קראָקי.

מיט יאָרן שפּעטער האָב איך באַטראַכט דאָס אַריבערפֿירן די פּרינציפּן פֿון קראָקי צו פּאָעזיע, אָבער מיט אַ מכריעדיקן אונטערשייד. וואָס וואָלט געשען ווען קראָקי וואָלט נישט געווען אַ מין צוגרייטונג נאָר אַליין דער צוועק? וואָס וואָלט געווען ווען איך וואָלט קראָקי אַרויסגעפֿירט פֿון די פּעריפֿעריעס צום סאַמע צענטער פֿון מײַן שעפֿעריש זוכן? וואָס וואָלט געווען ווען דאָס סקיצעבוך וואָלט געוואָרן דאָס בוך? כ'האָב אָנגעהויבן צו שאַפֿן אַ סעריע פּאָעטישע סקיצעס באַגרענעצט צו פֿינף שורות, באמת אַן אַרביטראַרישער באַשלוס, אָבער איינער וואָס איך האָב געמיינט וועט מיר געבן גענוג אָרט צו אַרבעטן. כאָטש דער געדויער פֿון קראָקי־געניטונגען איז אָפֿט מאָל אַ פֿאַרשיידענער האָב איך געגעבן די לידער די זעלבע צאָל שורות כּדי צו פֿאַרמעסטן זיך אויף אַרבעטן אין אַ גערעם פֿון אַ געוויסער סטרוקטור און אויך צו געבן דער אַרבעט אַ מין וויזועלע בינדיקייט.

אומבאַלאַסטיקט פֿון דער נויט פֿון אויסברייטערונג האָב איך געוואָלט אַז די דראַמע פֿון די לידער זאָל שטאַמען פֿונעם רמז פֿון דערציילונג. איך האָב אויך געוואָלט אײַנשפּאַנען די דיציפּלינירטע פֿרײַהײַט וואָס די קונסט-אַקאַדעמיע האָט מיר געגעבן נאָכצופֿאָלגן דעם רוף פֿון אומבאַקאַנטע העלדן אין אָפֿט סודותדיקע סיטואַציעס, אָן די גרענעצן פֿון אויטאָביאָגראַפֿיע אָדער אַ גרינג באַשטימטן פֿאָקוס. די לידער אַליין זײַנען ענלעך צו קראָקי—אַ קוק אויף פֿיגורן און סצענעס אין אַ געוויסן מאָמענט, אינטענסיוו פֿאָרגעשטעלט דורך דער קראַפֿט פֿון קורצקייט. אָפֿטמאָל זײַנען דאָס מאָמענטען פֿון החלטה און איבערגאַנג. טייל לידער אַנטפּלעקן אַ פּלוצעמדיקן אײַנבליק. און נאָך אַנדערע לידער זײַנען ענלעך צו לאַנדשאַפֿטן אָדער "שטיללעבנס" באַמערקט פֿונעם מאָלער-דיכטער. במשך פֿונעם שרײַבן האָב איך געפּרוּווט שעפּן פֿון דער באַגײַסטערונג אי פֿון דער מאָדעל וואָס שאַפֿט די פּאָזעס, אי פֿון די סטודענטן-קינסטלער וואָס דאַרפֿן גיך דורכפֿירן די עובֿדה און פֿאַרבינדן זיך דערמיט מיט דורות פֿאַרגאַנגענע דורך דער אָנסופֿיקער אויפֿגאַבע פֿון אויסטײַטשן די מענטשלעכע פֿאָרעם. די סעריע איז מיט דער צײַט געוואָרן דאָס ווערק וואָס איך ווײַז דאָ.

די צענטראַלע באַוועגונג אינעם בוך איז פֿון דעם וואָס איז ווײַט צו דעם וואָס איז נעענטער. אין "אויסמײַדן דעם גאַרגוילס אַרומנעם" איז דער בליק היסטאָריש. די העלדן שטייען פֿאַר דעם איבערקערעניש פֿון מלחמה און פּרוּוון נאַוויגירן צעריסענע וועלטן. אין "טריט אויפֿן בוידעם" פֿאַרענגערט זיך די לינדז אויף משפּחה-באַציִונגען און -פֿאַרפּלאָנטערונגען. "שאָטן-מענער" דיאַגראַמירט דאָס זוכן אינטימע פֿאַרבינדונגען וואָס פּריטשמעליעט אַ מאָל. "גלאַנץ" איז אפֿשר דער סאַמע אַבסטראַקטער טייל. רמזים פֿון גוואַלד נעמען דאָ דורך, און עס זעט אויס אַז די פֿיגורן גייען אַוועק פֿון צוועקן און צו צוועקן וואָס זײַנען נישט צום וויסן. אַ גאַמע עמאָציעס און געפֿילן קען מען דאָ זען, אָנהייבנדיק מיט צער און קולמונירנדיק מיט אַ געפֿיל פֿון מיגלעכקייט און שלווה. אַנשטאָט קלאָר פֿאַראייניקטע טיילן ווו די לידער פֿירן איינס צום צווייטן געפֿינט זיך יעדער ליד אויף זײַן אָרט בעיקר כּדי צו פֿאַרשטאַרקן די ווירקונג. די לידער רעדן איינס צום אַנדערן אָבער דערקלערן נישט דעם מקום פֿון זייערע שכנים.

און איצט אַ וואָרט צוויי וועגן דער שפּראַך פֿונעם טעקסט. אַלע לידער האָבן אַן ענגלישן און אַ ייִדישן נוסח, און די לעצטע צוויי לידער האָבן אויך אַ העברעיִשן נוסח. ענגליש איז מײַן מוטערשפּראַך און, פֿאַרשטייט זיך, די שפּראַך וואָס איז פֿאַר מיר די סאַמע באַקוועמסטע. אָבער פֿון מײַנע סאַמע ייִנגסטע יאָרן אָן זײַנען די ריטעמס פֿון אָט די אַנדערע שפּראַכן געווען אַ צענטראַלער טייל פֿון מײַן אינעווייניקסטער קלאַנגשאַפֿט. איך האָב געהערט,

געזונגען, שטודירט, און געשריבן העברעיִש פֿון קינדער-גאָרטן אָן, און איך האָב לאַנג באַוווּנדערט זײַן קורצקייט און שיינקייט. דורך אידיאָמאַטישע אויסדרוקן און איבערגעכאַפּטע שמועסן איז ייִדיש זיכער געווען אין דער לופֿט פֿון מײַן פֿרומער קינדשאַפֿט און יוגנט. און אַ מאָל האָבן די צוויי שפּראַכן דאָך אויסגעזען אַזוי דורכגעפֿלאָכטן אַז די גרענעצן צווישן זיי זײַנען מיר נישט געווען קלאָר. אָבער איך האָב ערשט אָנגעהויבן צו שטודירן און שרײַבן אויף ייִדיש אין די מיטעלע צוואַנציקער.

כאָטש דאָס איז נישט דער פּאָרום צו דיסקוטירן פּרטימדיק מײַן פֿאַרנעמען זיך מיט ייִדיש וויל איך דערמאָנען דאָ אַז די שפּראַך איז מיר נאָך אַלץ וויכטיק. ייִדיש פֿאַרשאַפֿט מיר אַן אַרײַנטרעט אין אַ רעליגיעזער און וועלטלעכער ירושה און איז אַ פּראַקטישער מכשיר זיך בעסער אויסצומאָלן זיך די פּראָיעקטן פֿון די פֿריִערדיקע ניינזאָגערס. אָבער ייִדיש עפֿנט אויך אַן אַנדער לינגוויסטיש פֿעלד צום באַנײַען זיך. דאָ, אינעם אָרט וואָס איז סײַ באַקאַנט און סײַ פֿרעמד, נישטער איך צו שמועס מיט די נאַטערוואַטע שדים, פֿרײַנדשאַפֿט און טאַנץ בײַ די גרענעצן פֿון די הײַנטיקע ייִדישע געזעלשאַפֿט, און די שלווה פֿון חלומות און ייִשובֿ-הדעת. און כאָטש איך בין נישט אַזוי אַרײַנגעטאָן אין העברעיִש אין מײַן ליטעראַרישער אַרבעט האָב איך פֿונדעסטוועגן געוואָלט אַז העברעיִש זאָל זײַן דאָ. די דרײַ-שפּראַכיקייט פֿונעם טעקסט שפּיגלט אָפּ מײַן שײַכות מיט ייִדישע שפּראַכן און מײַן האָפֿענונג אויף ווײַטערדיקע פֿילשפּראַכיקע פֿרײלעכע ייִדישע אויפֿטוען.

די לידער, ווען מען נעמט זיי צוזאַמען, באַשטייען נישט פֿון איין נסיעה, נאָר פֿון אַ זאַמלונג בליקן, געכאַפּט אין שאָטן אַוודאי, אָבער אפֿשר נישט ווייניקער אויסגעקריצט. נאָכן לייענען די קורצע איבערטראַכטונגען פֿאַרבעט איך דעם לייענער אַרײַנצוגיין נאָך אַ מאָל אין די וועלטן געעפֿנט פֿון די פֿאַרשידענע נוסחאָות פֿון די לידער, צו געפֿינען אין זייערע קאָנטורן אַן אָרט אויף ווײַטערדיקער דאַכטונג, וואָס איז, סוף-כּל-סוף אַ חלום פֿון יעדן מין קונסט, צי געבוירן פֿון דער אַקאַדעמיע צי נישט.

Acknowledgments

I thank the editors of the following publications, in which these poems, sometimes in different form, appeared or are scheduled to appear:

Arsenic Lobster: 12, 30, and 49 (English)

Der Bavebter Yid: 3, 17, 33, 35, 38, and 66 (Yiddish)

Eclectica Magazine: 15 (English)

Forverts: 10, 11, and 12 (Yiddish)

Free Verse: 10, 22, and 48 (English)

Jews: 13 (English and Yiddish)

Kennesaw Review: 4, 61, and 62 (English)

Lilliput Review: 76 (English and Yiddish)

Lily: 55, 63, and 66 (English)

The Orange Room Review: 3 (English)

Pearl: 19 and 46 (English)

Queer Poets Journal: 29 (English and Yiddish)

Yugntruf: 21, 39, 43, 44, 55, and 66 (Yiddish)

Zeek: 8, 11, and 43 (English and Yiddish)

I am profoundly grateful to Brukhe Lang Caplan and Yankl Salant, who proofread the Yiddish version of this manuscript. Their extraordinary knowledge of the Yiddish language, precision, and generosity have strengthened it considerably. Special thanks also to Paul Glasser, Yitskhok Niborski, and Binyumen Schaechter, who graciously responded to Yiddish language queries.

I thank Benjamin Fryser and Nathan Krystall, who proofread the Hebrew version of poems 76 and 77.

For providing a lively forum for the creation of new Yiddish belles lettres, I thank and honor the Yugntruf Yiddish writers circle. I am especially indebted to its members Sholem Berger, Hinde Ena

Burstin, Paul Glasser, Charles Nydorf, Mindy Rinkewich, Elinor Robinson, Albert Rosenblatt, and Beyle Schaechter-Gottesman, who provided feedback on many of these poems.

For support and encouragement of my work, I thank Angelika Bammer, Don Belton, Mary Baine Campbell, Susan H. Case, Ellen Cassedy, Peter Covino, Jim Feldman and Natalie Wexler, Krysia Fisher, Ken Giese, Pearl Gluck, Kathryn Hellerstein, Miriam Isaacs, Howard Jaffe, Esther Kaplan, Dov-Ber Kerler, Cecile Kuznitz, Laura Levitt, Jeff Mann, Richard McCann, Erin McGonigle, Christopher Murray, Chana Pollack, Yankl Salant, Jeffrey Shandler, Donna Smith, Michael Swirsky, and Sheva Zucker.

אָנערקענונגען

איך וויל באַדאַנקען די רעדאַקטאָרן פֿון די פֿאָלגנדיקע פּובליקאַציעס, אין וועלכע די לידער, אַ מאָל אין אַן אַנדער פֿאָרעם, זײַנען דערשינען:

דער באַוועבטער ייִד: 3, 17, 33, 35, 38, און 66 (ייִדיש)

יוגנטרוף: 21, 39, 43, 44, 55, און 66 (ייִדיש)

פֿאָרווערטס: 10, 11, און 12 (ייִדיש)

Arsenic Lobster: 12, 30, און 49 (ענגליש)

Electica Magazine: 15 (ענגליש)

Free Verse: 10, 22, און 48 (ענגליש)

Jews: 13 (ייִדיש און ענגליש)

Kennesaw Review: 4, 61, און 62 (ענגליש)

Lilliput Review: 76 (ענגליש און ייִדיש)

Lily: 55, 63, און 66 (ענגליש)

The Orange Room Review: 3 (ענגליש)

Pearl: 19 און 46 (ענגליש)

Queer Poets Journal: 29 (ייִדיש און ענגליש)

Zeek: 8, 11, און 43 (ייִדיש און ענגליש)

איך בין זייער דאַנקבאַר ברוכה לאַנג קאַפּלאַנען און יאַנקל סאַלאַנטן וואָס האָבן קאָריגירט דעם ייִדישן נוסח פֿונעם כּתבֿ-יד. זייערע אויסערגעוויינטלעכע ייִדיש-שפּראַך-קענטעניש, פּרעציזקייט און

ברייטהאַרציקייט האָבן פֿאַרבעסערט דאָס בוך. אַ האַרציקן דאַנק אויך הערשל גלעזערן, יצחק ניבאָרסקין און בנימין שעכטערן, וואָס האָבן ברייטהאַרציק געענטפֿערט אויף שפּראַכפֿראַגעס.

איך וויל באַדאַנקען בנימין פֿרישערן און נתן קריסטאַלן וועלכע האָבן קאָריגירט דעם העברעיִשן נוסח פֿון לידער 76 און 77.

איך וויל באַדאַנקען און כּבֿוד געבן דעם יוגנטרוף-ייִדיש-שרײַבקרײַז וואָס פֿאַרזאָרגט אַ לעבעדיקן פֿאָרום צו שאַפֿן נײַע ייִדישע שיינע ליטעראַטור. ספּעציעל בין איך פֿאַרחובֿט שלום בערגער, הינדע בורשטין, הערשל גלעזער, לאה ראָבינסאָן, אבֿרהם ראָזענבלאַט, מינדל רינקעוויטש, אוןביילע שעכטער-גאָטעסמאַן וואָס האָבן מיך דערמוטיקט און געגעבן גוטע פֿאָרשלאָגן פֿאַר אַ סך פֿון די לידער.

פֿאַר שטיץ און דערמוטיקונג לגבי מײַן אַרבעט וויל איך באַדאַנקען מרים אײַזיקס, אַנגעליקאַ באַמער, דאַן בעלטאָן, קען גיזע, פּערל גליק, האַוואַרד דזשאַפּי, קאַטרין העלערשטיין, לינאַ לעוויטט, דזשעף מאַן, קריסטאָפֿער מאָרי, ערין מיקגאָניגל, ריטשאַרד מיקקאַן, יאַנקל סאַלאַנט, מיכאל סווירסקי, דאַנאַ סמיטה, חנה פּאָלאַק, קרישאַ פֿישער, ישׂראל פֿעלדמאַן און נאַטאַלי וועקסלער, שבֿע צוקער, עלען קאַסעדי, אסתּר קאַפּלאַן, פּיטער קווינו, צירל-אסתּר קוזניץ, סוזען ה. קייס, מערי ביין קעמפּבל, דובֿ-בער קערלער, און דזשעפֿרי שאַנדלער.

About the Author

Yermiyahu Ahron Taub is the author of *The Insatiable Psalm* (Hershey, Pa.: Wind River Press, 2005). His English and Yiddish poems, one of which was nominated for a Pushcart Prize, have appeared in numerous publications, including *The Forward, Kennesaw Review, Lily*, and *Prairie Schooner*. He was honored by the Museum of Jewish Heritage as one of New York's best emerging Jewish artists. A longtime resident of Brooklyn, New York, he now lives in Washington, D.C.

Photograph by Ken Giese.

www.ingramcontent.com/pod-product-compliance
Lightning Source LLC
Chambersburg PA
CBHW032019090426
42741CB00006B/654